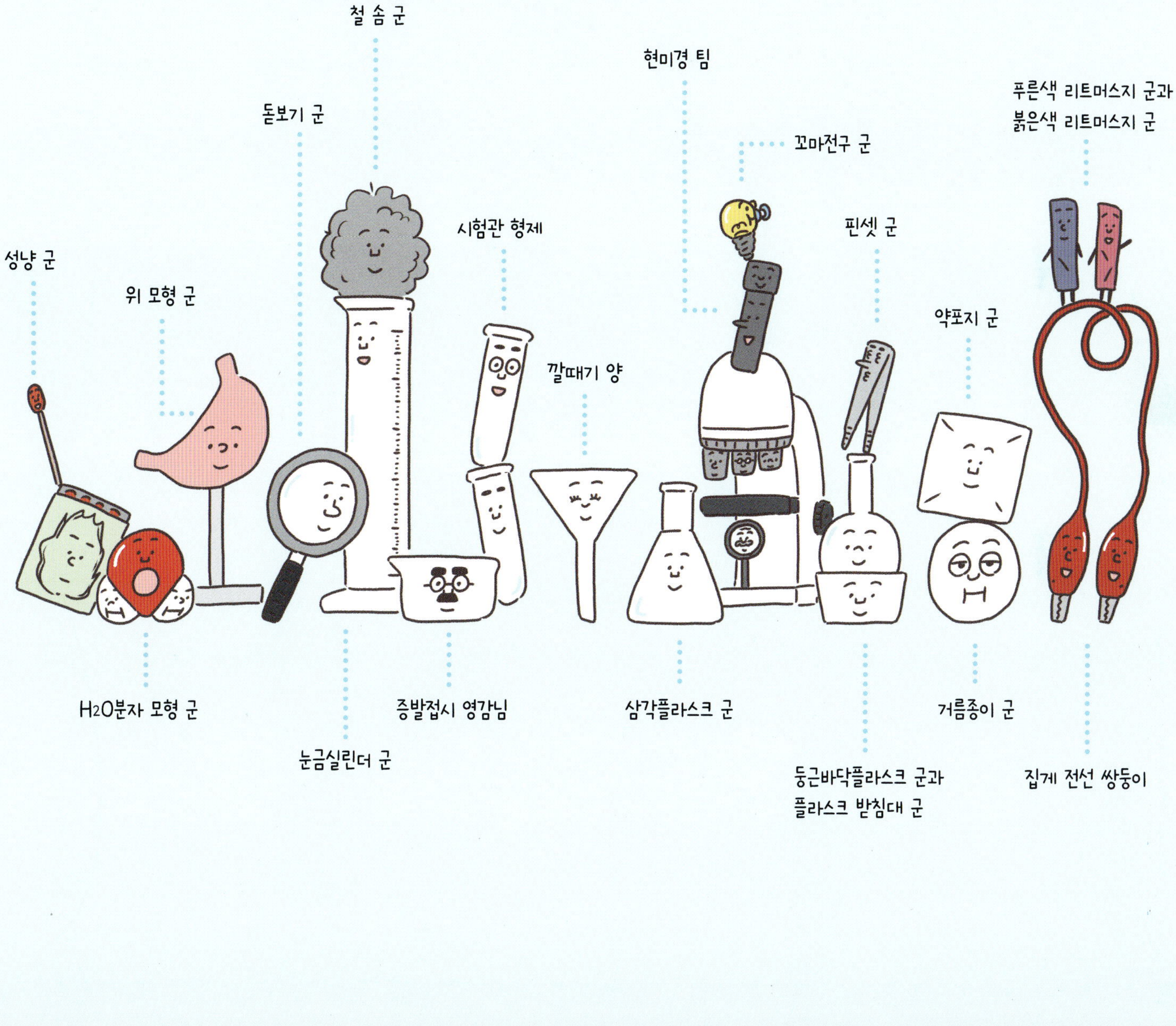

성냥 군

위 모형 군

돋보기 군

철 솜 군

시험관 형제

현미경 팀

꼬마전구 군

핀셋 군

푸른색 리트머스지 군과
붉은색 리트머스지 군

깔때기 양

약포지 군

H2O분자 모형 군

증발접시 영감님

삼각플라스크 군

거름종이 군

눈금실린더 군

둥근바닥플라스크 군과
플라스크 받침대 군

집게 전선 쌍둥이

지은이 우에타니 부부

화장품 연구원이었던 남편과 캐릭터 디자인을 하던 아내가 함께 활동하고 있는 부부 작가입니다.
이들이 쓴 과학에 관한 글은 쉽고 재미있는 이야기에 풍부한 상상력이 담겨 있어서 큰 호응을 얻고 있습니다.
작품에 나오는 캐릭터 상품의 제작, 판매를 비롯 삽화, 연재만화, 과학 지식을 살린 일러스트레이션 등
여러 분야에서 활동을 하고 있습니다. 쓴 책으로《비커 군과 방과 후 과학실》《비커 군과 과학실 친구들》
《최강 청결 히어로 비누맨》들이 있습니다.

옮긴이 조은숙

대학원에서 아동문학을 전공했으며, 일본 바이카대학 대학원에서 연구생으로
그림책을 공부했습니다. 쓴 책으로《오늘은 대청소 하는 날》《도깨비랑 목욕해 봤어?》
옮긴 책으로《사막의 먹보》《행주 레슬러》《초코 마녀》외에 여러 책이 있습니다.

알코올램프 군과 과학실 친구들

초판 1쇄 발행 2022년 6월 10일

지은이 우에타니 부부 | **옮긴이** 조은숙
펴낸이 이상훈 | **편집인** 김수영 | **본부장** 정진항 | **편집** 한겨레아이들 | **디자인** 손미선
마케팅 김한성 조재성 박신영 조은별 김효진 임은비 | **사업지원** 정혜진 엄세영

펴낸곳 (주)한겨레엔 | **주소** 서울시 마포구 창전로 70(신수동) 화수목빌딩 5층
전화 02-6383-1602~3 | **팩스** 02-6383-1610 | **출판등록** 2006년 1월 4일 제313-2006-00003호
홈페이지 www.hanibook.co.kr | **이메일** book@hanien.co.kr

ISBN 979-11-6040-812-6 77430

Nayameru Alcohol lamp-kun to Rikajumbishitsu no Jikkenkigutachi
Copyright © 2021 by Uetani Fūfu
First published in Japan in 2021 by Kasetu-sha Co., Ltd., Tokyo
Korean translation rights arranged with Kasetu-sha Co., Ltd.
through Japan Foreign-Rights Centre/ Shinwon Agency Co.

- 이 책의 한국어판 저작권은 신원 에이전시를 통해 저작권사와 독점 계약한 (주)한겨레엔에 있습니다.
- 저작권법에 의해 한국 내에서 보호를 받는 저작물이므로 무단 전재 및 무단 복제를 금합니다.
- 값은 뒤표지에 있습니다.
- 이 책의 일부 또는 전부를 재사용하려면 반드시 저작권자와 (주)한겨레엔 양측의 동의를 얻어야 합니다.
- KC마크는 이 제품이 공통안전기준에 적합함을 의미합니다.
- ⚠ 책 모서리에 다치지 않게 주의하세요.

우에타니 부부 지음
조은숙 옮김

한겨레아이들

학교 구석진 곳에서 알코올램프 군과 뚜껑 군과
백엽상 두목이 이야기를 나누고 있네요.
"요즘 들어서 우리가 나설 기회가 적어졌어……."
"가스레인지 군이 오고 나서부터야."
알코올램프 군과 뚜껑 군이 한숨을 쉬었어요.
"나는 오 년 전부터 여기에 줄곧 서 있기만 했는걸."
백엽상 두목이 담담하게 말했어요.

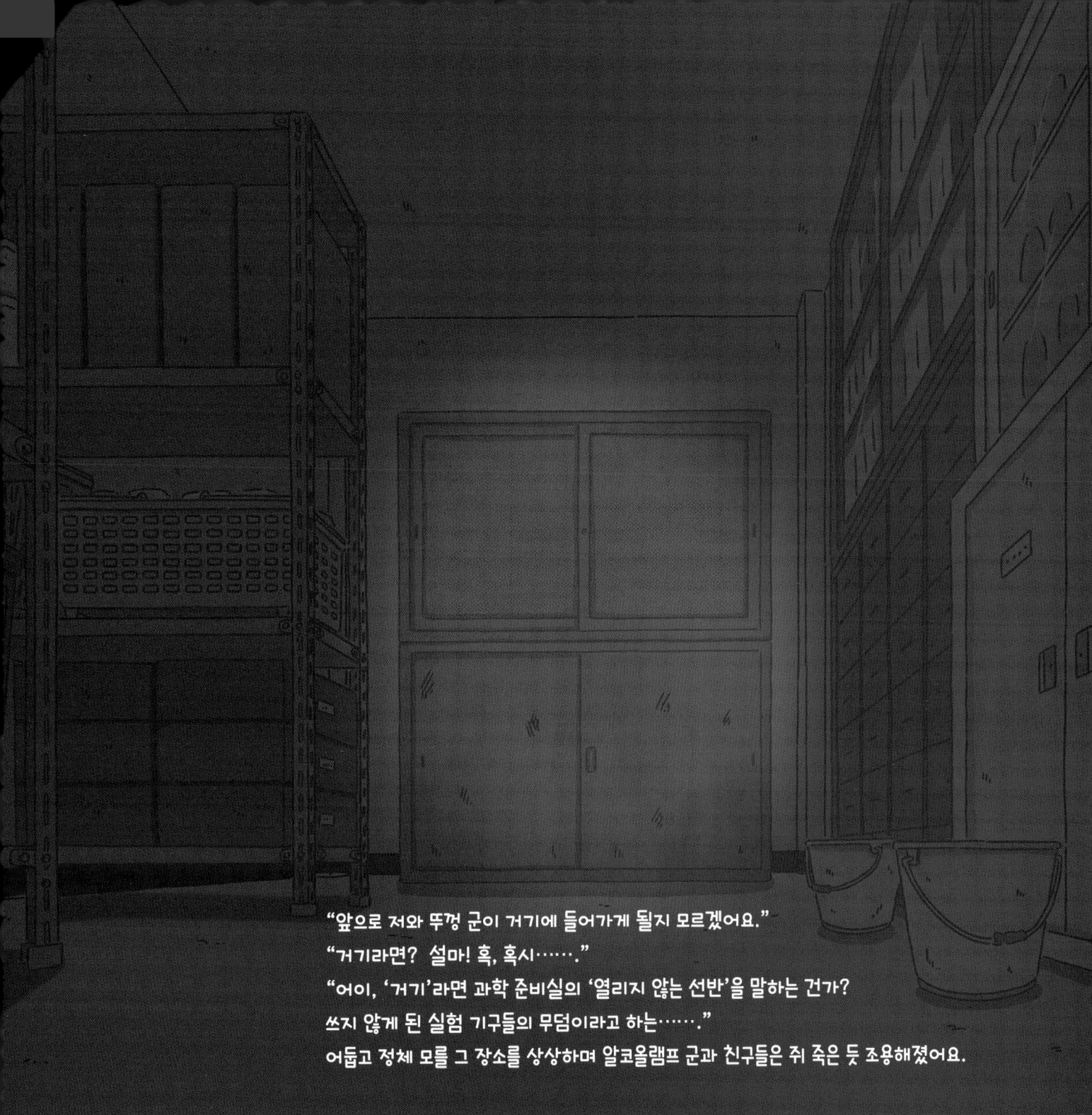

"앞으로 저와 뚜껑 군이 거기에 들어가게 될지 모르겠어요."
"거기라면? 설마! 혹, 혹시……."
"어이, '거기'라면 과학 준비실의 '열리지 않는 선반'을 말하는 건가?
쓰지 않게 된 실험 기구들의 무덤이라고 하는……."
어둡고 정체 모를 그 장소를 상상하며 알코올램프 군과 친구들은 쥐 죽은 듯 조용해졌어요.

알코올램프 군과 뚜껑 군은 터벅터벅 과학실로 돌아갔어요.
"휴, 우리들은 어떻게 되는 걸까?"

교실 앞을 지날 때쯤 "어라?"하며 뚜껑 군이 말했어요.
"화이트보드가 전자칠판으로 바뀌었어."
"정말이네. 어느 사이에……."
교실에는 새로운 전자칠판이 걸려 있었어요.
"어쩌면 오래된 물건보다 새로운 물건이 좋을지도 몰라."
알코올램프 군이 나직하게 말했어요.

며칠 뒤,
과학실에서는 언제나처럼 실험 기구 친구들이
내일 있을 실험을 연습하고 있었어요.
"좋겠다……."
알코올램프 군이 부러워했어요.
그러자 친구들과 연습을 하고 있던
가스레인지 군이 히죽 웃으며 말했어요.
"그렇게 쳐다보지 말아주세요.
아쉽지만 오늘도 내일도 선배님들이 나설 기회는 없을 거예요."

"그럼 대결해 볼까요? 뭐 결과는 뻔하지만요."
"바, 바라던 바야!"

"알코올램프 군……."
뚜껑 군은 조금 걱정스런 모양이에요.

곧바로 알코올램프 군과 가스레인지 군의 대결이 시작되었어요.
다른 실험 기구 친구들은 그것을 지켜보았어요.

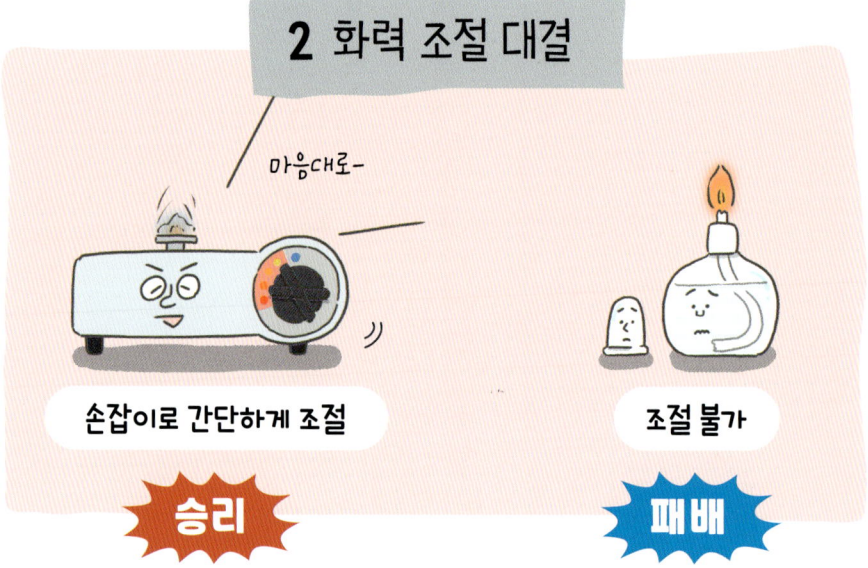

3 불 끄기 대결

무승부

손잡이 되돌리기 / 뚜껑 군이 불 끄기

"하하, 승부는 이미 났네요.
불 끄기 대결은 무승부라고 해도 나머지는 제가 다 이겼어요.
그리고 선배……."
그렇게 말하며 가스레인지 군은 일부러 알코올램프 군에게 부딪혔어요.

퍽!

"넘어지기만 해도 알코올이 흘러넘치는 건 어찌할까 싶어요.
안전성도 저의 승리예요!"

알코올램프 군은 분해서 일어날 수가 없었어요.
"차라리 은퇴하시는 건 어때요?
이제 실험에서 선배들이 활약할 일도 적어지고.
과학 준비실에 선배들 같은 기구들이 있는 장소가 있다고 하더라고요."
으하하, 가스레인지 군이 큰 소리로 웃었어요.

"잠깐! 너무 심한 거 아니야 가스레인지 군!"
"맞아!"
비커들이 말했어요.
"아니, 제가 뭐 틀린 말을 했나요."

꽝!

큰 소리를 내며 과학 준비실의 문이 닫혔어요. 주위가 캄캄하네요.
"알코올램프 군……."
뚜껑 군이 걱정하며 말을 걸자

"흑흑, 뚜껑 군 어떡하지.
과학실에는 이제 내가 있을 곳이……."
알코올램프 군은 울기 시작했어요.

갑자기 들려온 소리에 알코올램프 군과 뚜껑 군은 깜짝 놀라 펄쩍 뛰었어요.
덜컹덜컹, 덜컹, 덜컹, 덜컹.

"거기, 누구 있어?"

달리고 달려서 도착 한 곳은 백엽상 두목이 있는 곳이에요.
"헉, 헉 어떻게 하지……, 뚜껑 군을 두고 와 버렸어."

바로 그때
알코올램프 군의 눈에
쇠막대들로 빙 둘러싸여 있는
백엽상 두목이 들어왔어요.
"어, 어라? 이게 무슨 일이야!"

"서, 설마……."

알코올램프 군의 마음은 불안한 생각으로 가득 찼어요.
그러다가…….

무슨 일이지? 백엽상 두 목이 혹시 버려지는 건가? 안 돼. 설마 그런 일이. 우리들은 아직 쓸 수 있는데. 아직 활동할 수 있는데. 분명 무언가 잘못된 걸 거야. 버려질 리가 없잖아? 만약 그렇게 되면……. 뚜껑 군에게 알려 줘야 해. 나와 뚜껑 군도 함께 버려지는 걸까? 어떻게 하지, 어떡하지.

"으앙! 뚜껑 군!"
알코올램프 군은 다시 쏜살같이
과학 준비실로 달려갔어요.

"거기, 무슨 일이야?"
백엽상 두목의 목소리가 허공에 울려 퍼졌어요.

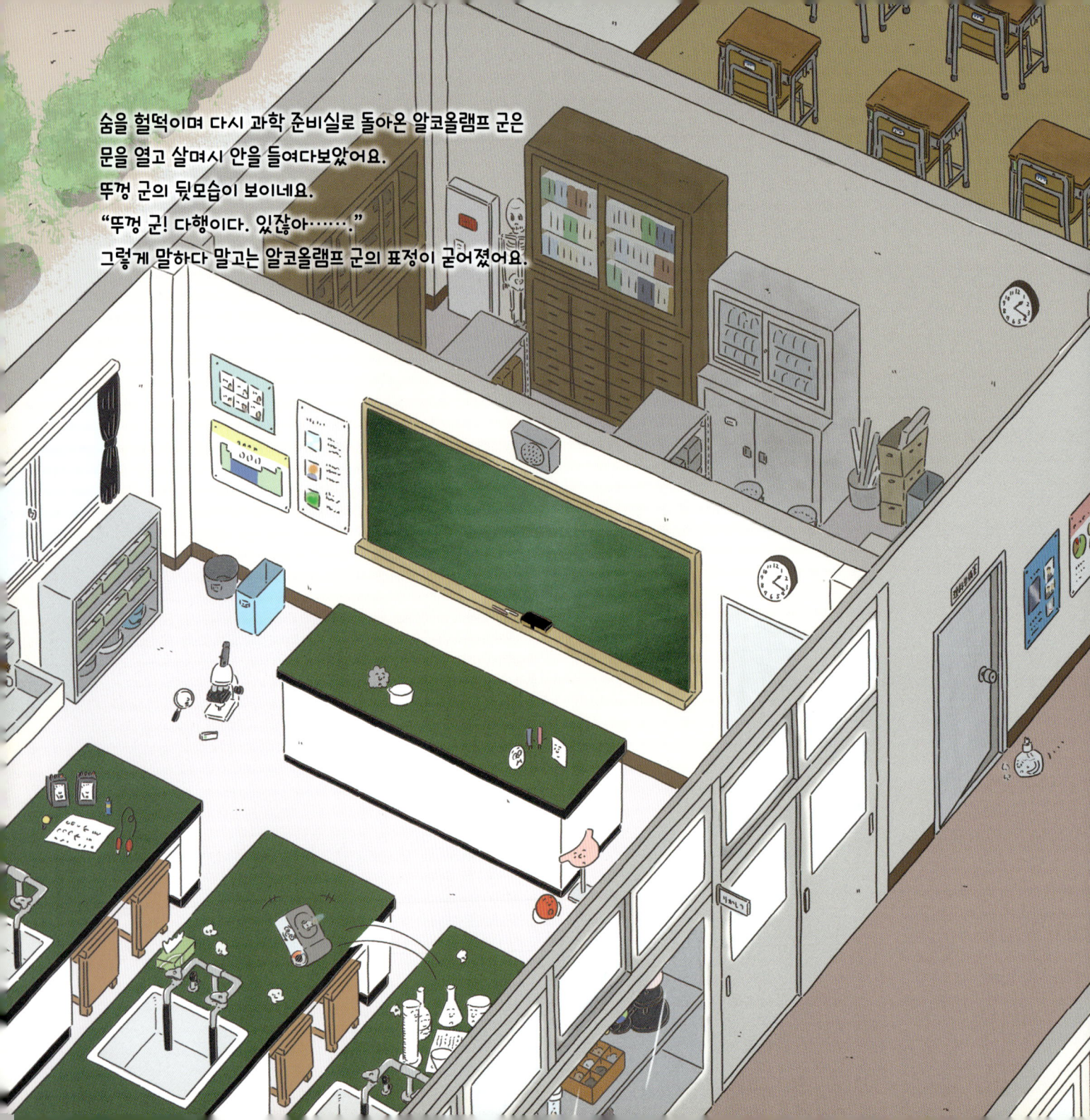

숨을 헐떡이며 다시 과학 준비실로 돌아온 알코올램프 군은
문을 열고 살며시 안을 들여다보았어요.
뚜껑 군의 뒷모습이 보이네요.
"뚜껑 군! 다행이다. 있잖아……."
그렇게 말하다 말고는 알코올램프 군의 표정이 굳어졌어요.

뚜껑 군의 뒤에 본 적이 없는 실험 기구들이 가득했거든요.

"아, 알코올램프 군!
이쪽은 '열리지 않는 선반'에 살고 있는 기구들이야.
지금 여러 이야기를 듣고 있는 중이었어."
뚜껑 군이 쾌활하게 말했어요.

"아까는 깜짝 놀라게 한 것 같아 미안하게 됐어."
"젊은 기구를 만나는 것이 오랜만이라 흥분해 버렸지 뭐야."
"아무리 그래도 '열리지 않는 선반'이라고 불릴 줄이야."
당황하는 알코올램프 군에게
오래된 기구들이 차례차례 말을 걸어왔어요.

"알코올램프 군, 소개해 줄게.
여기는 진공 방울 씨.
둥근 것은 도르래 님이고,
아, 배기종 씨는 알고 있나?"
"어? 그게……."

"뭐, 우리를 모를 수도 있지.
우리들은 여기에선 이제 쓸모가 없어져
버려진 실험 기구들이란다."
진공 방울 씨가 말했어요.

"네! 버려진다고요?"

알코올램프 군이 소리쳤어요.

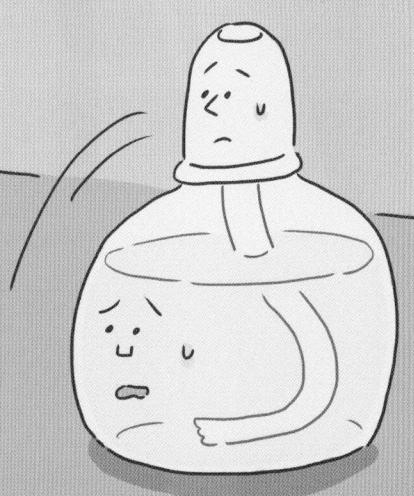

"뭐, 어쩔 수 없는 일이지. 실험 기구뿐만 아니라 모든 도구는 새로운 것들이 매일매일 생겨나는걸. 이 학교에도 새롭게 온 도구들이 가득 있잖니?"

새롭게 등장한 실험 기구나 도구

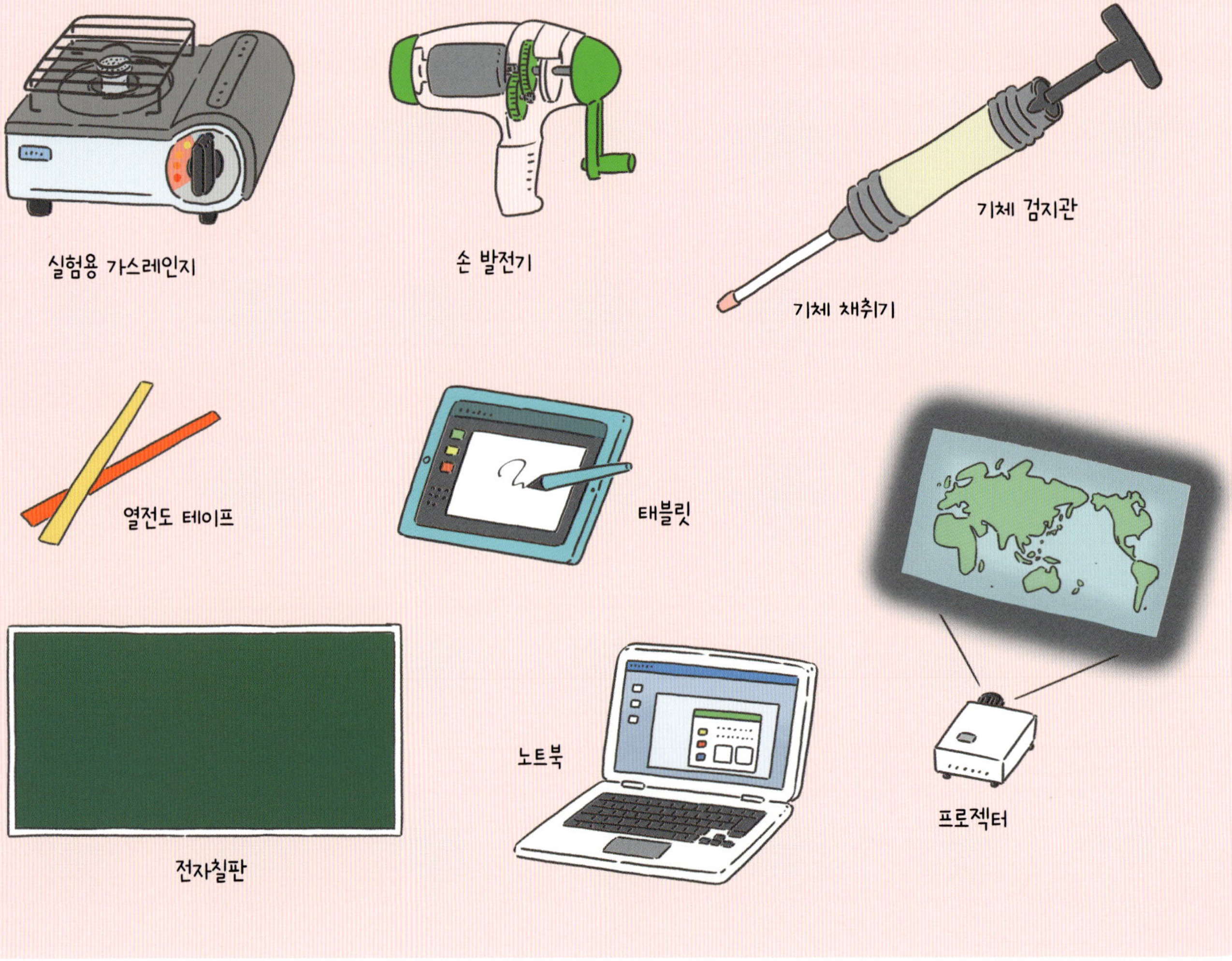

실험용 가스레인지

손 발전기

기체 검지관

기체 채취기

열전도 테이프

태블릿

전자칠판

노트북

프로젝터

"반대로, 사용이 줄어들어서 초등학교에서는 잘 볼 수가 없는 것들도 있지. 바로 우리들처럼 말이야."

점점 쓰임이 줄거나 사용하지 않게 된 실험 기구나 도구

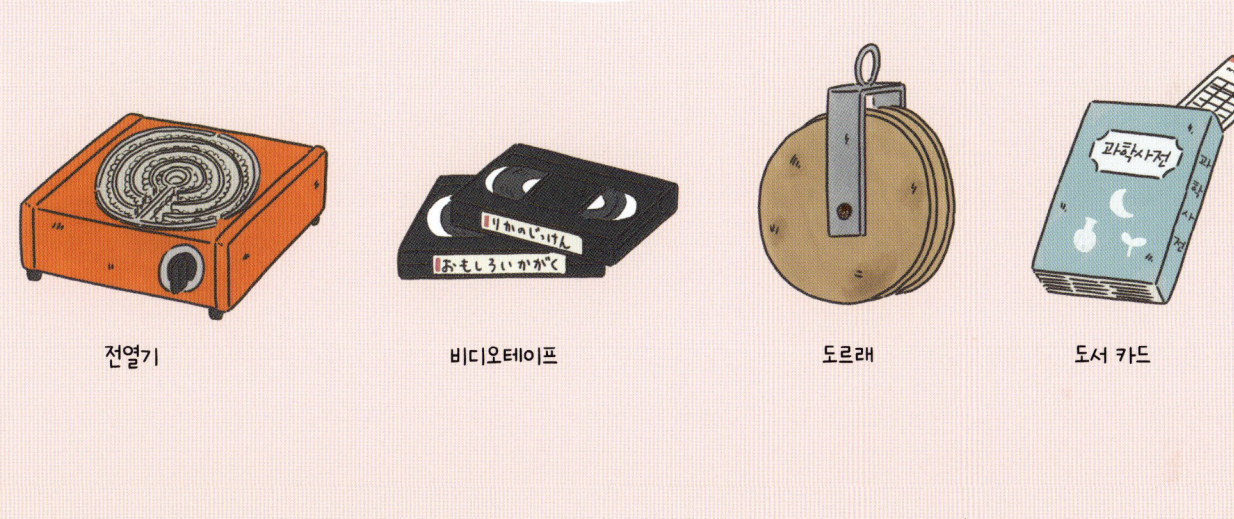

전열기   비디오테이프   도르래   도서 카드

칠판   진공 방울   배기종과 배기판

"더 이상 쓰이지 않게 되면 이제 버려질 수밖에 없는 건가요?"
그러자 진공 방울 씨는 조금 슬퍼 보이는 얼굴로 말했어요.
"안타까운 일이지만 그렇단다.
뭐, 우리 같은 기구들은 버리는 것도 번거로워 이렇게 남아있지만.
그리고."

"너희들은 모르겠지만 우리들은 이미 실험 기구로서 충분히 활약했는걸."
"맞아, 맞아."
"그때는 최고의 팀이었지."
"지금도 우리밖에 할 수 없는 실험이 있다고."
오래된 실험 기구들은 자랑스러워하며 화기애애하게 옛날을 그리워했어요.
"알코올램프 군은 어때?"
갑자기 질문을 받은 알코올램프 군은 자신을 되돌아보았어요.

"가스레인지 군이 나타난 후로 나는 쓸모가 많이 줄었지만……."

"나도 분명히 여러 실험에서 활약했고, 많은 아이들에게 도움을 주었어."
알코올램프 군이 마음속으로 그렇게 생각하고 있을 때였어요.

쾅 쾅 쾅!

갑자기 준비실 문을
세차게 두드리는 소리가 났어요.
"알코올램프 군! 뚜껑 군! 거기 있어?"

서둘러 문을 열어보니 문 밖에는 비커 친구들이 창백한 얼굴로 서 있었어요.
"비커 군? 무, 무슨 일이야?"
"큰일 났어! 가스레인지 군이 장난을 치다가
불이 주위에 있던 종이에 옮겨 붙어 버렸어. 어떡하지? 끄는 방법을 모르겠어!"
과학실을 보니 책상 위에서 작은 불꽃이 여기저기 타오르고 있었어요.

"저, 저는 최신식 기구라고요! 이런 일은 생각하지 못했어요!"

깜짝 놀라서 바라보고 있는
알코올램프 군과 뚜껑 군에게 진공 방울씨가
살짝 미소를 띠며 말했어요.
"뭐하니? 아직 너희들에게 의지할 게 많단다.
불을 다루는 법에 대해서는 너희가 선배잖니.
자, 무엇을 하면 좋을지 알려 주거라!"
"맞아, 맞아."
"모두 함께 불을 끄자!"

"그, 그래!"
실험 기구들의 목소리에 용기를 낸 둘은
모두에게 말하기 시작했어요.

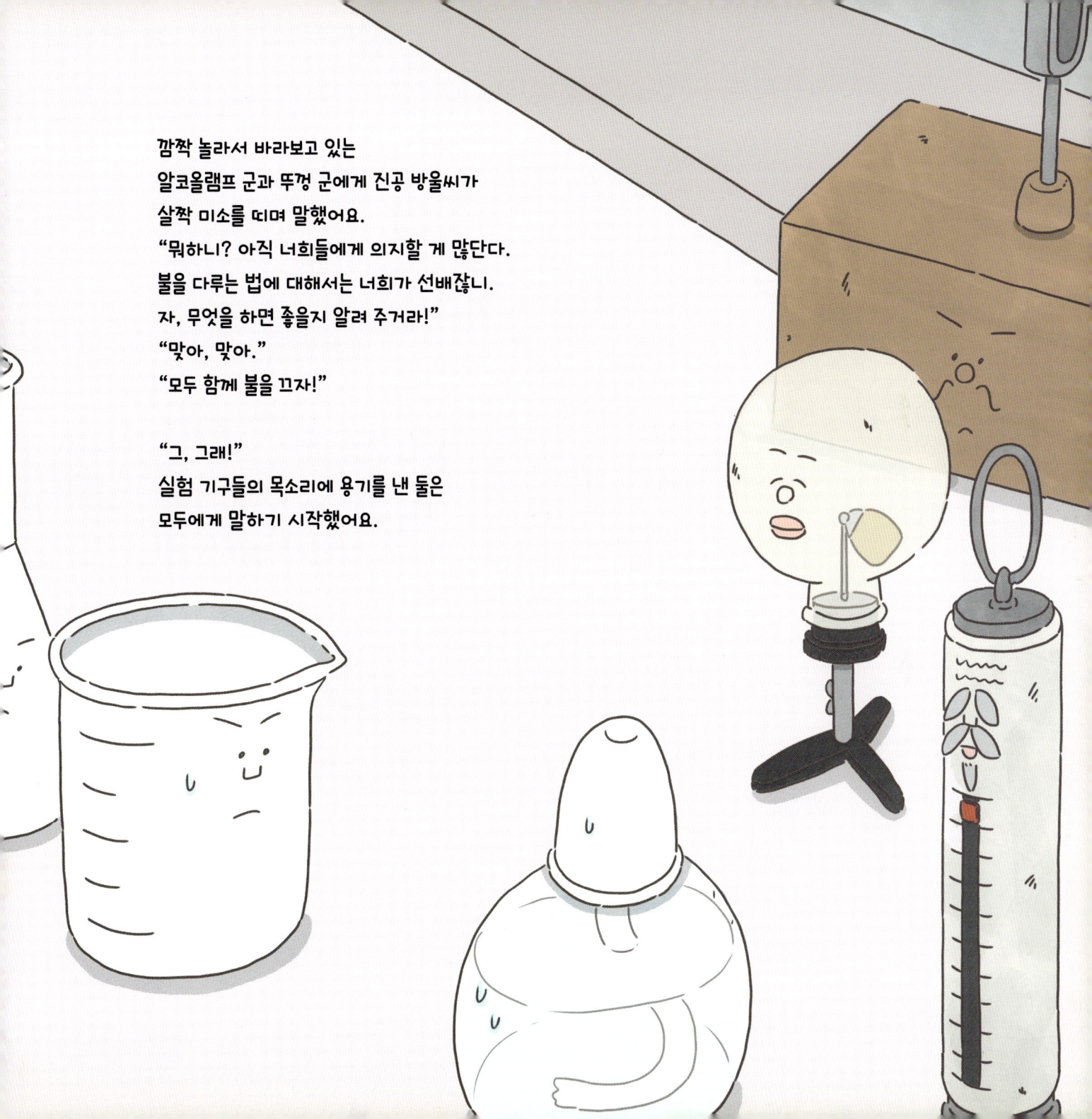

"먼저, 비커 군은 물을 준비해 줘! 도르래 씨는 모래를 준비해 주세요!
그리고 삼각플라스크 군은 젖은 걸레를 가져와!"
"배기종 씨는 저와 함께 불을 덮어서 꺼 주세요!
깔때기 양은 혹시 모르니 소화기 군을 불러와 줄 수 있을까?
그리고……."

모두 둘의 말을 따라 착착 불을 꺼 나갔어요.

"히야, 어떻게 되는 줄 알았네."
"맞아, 정말."
"알코올램프 군과 뚜껑 군 덕분이야."
"그리고 또, 과학 준비실의 기구 분들도 감사합니다."
"오랜만에 몸을 움직였더니 피곤하구나."

왁자지껄 와글와글.

알코올램프 군과 뚜껑 군은 조금 떨어져서
과학실 기구들과 준비실의 오래된 기구들이
사이좋게 이야기를 나누고 있는 모습을 지켜보았어요.

"있잖아 뚜껑 군.
우리들 어쩌면 더 이상 실험에 쓰이지 않을 때가 올 수도 있지만
지금까지 해 온 일이 사라지는 것도 아니고,
모두에게 해줄 수 있는 일이 아직은 많이 있을 것 같아."

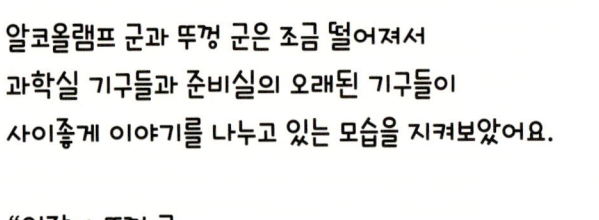

"알코올램프 군,
그리고……."
뚜껑 군은 웃으며 말했어요.
"만약에 언젠가 그때가 오더라도
우리는 언제까지나 둘이서 함께 일거야."

알코올램프 군도 고개를 크게 끄덕였어요.

그런 두 사람에게 가스레인지 군이 쭈뼛쭈뼛 다가왔어요.
"저기, 알코올램프 선배, 뚜껑 선배, 죄송해요.
제가 새로운 실험 기구라고 자신감이 넘쳐서 자만했어요."
가스레인지 군이 풀이 죽은 모습으로 말했어요.
"저, 아직 배워야 할 게 많다는 걸 깨달았어요.
이제부터 불 다루는 법에 대해서 많이 알려 주세요!"

"그래!"
"당연하지!"
알코올램프 군과 뚜껑 군은 얼굴 가득 웃음을 띠며 대답했어요.

이날, 알코올램프 군은 무거운 마음이 드디어 가시는 듯했답니다.

작가의 말

이 책에는 예전에는 많이 사용했지만, 지금 여러분들은
거의 보지 못한 실험 기구나 도구들이 나옵니다. 책을 보면서
어린이들은 '전에는 이런 실험 기구를 썼구나.' 알게 되고,
어른들은 '어, 이 기구들을 잘 사용하지 않게 되다니?'
느끼면서 읽었으면 좋겠습니다.
여기에는 나오지 않았지만, 윗접시저울이나 무게를 잴 때
사용하는 분동 같은 실험 기구도 요즘에는 잘 사용하지
않습니다. "분동을 옮길 때는 항상 핀셋을 사용해."라고
선생님께서 자주 말씀하셨던 것이 기억이 납니다.
그리고 이제는 이런 말을 들을 수 없겠구나 생각하면 조금
허전한 기분이 듭니다.
실험 기구나 도구는 앞으로도 시대와 함께 변해가겠지요.
그럴 때, 이 책에 나오는 알코올램프 군의 불안이나 갈등에
공감하면서 '오래된 것의 장점'에 대해 다시 한번 생각해
보았으면 좋겠습니다.
끝으로, 이 그림책에는 가스레인지 군이 화재를 일으키는
장면이 있는데, 기구의 정확한 사용 방법을 지키면서 사용하면
실제로 이런 일은 일어나지 않습니다. 실험 기구의 올바른
사용 방법을 배우고, 꼭 안전한 실험을 즐겨 주세요.

취재 도움
가와사키시립 미야마에초등학교
가와사키시립 교쿠센초등학교

한국어 판 도움말
의왕부곡초등학교 이양호 선생님
서울금나래초등학교 조상우 선생님

이 책에 나오는 실험 기구들

소리굽쇠 씨

누구에게나 예의 바른 할아버지.
절대음감을 가지고 있어요.

위에 있는 금속 부분을 두드리면 특정 높이의 소리가 나는 기구예요. 소리의 전달 방법을 배울 때 사용해요.

용수철저울 영감

수다쟁이 할아버지이지만 고집이 세기도 해요.

용수철의 탄력성을 이용해서 물건의 무게나 힘의 크기를 재는 데 사용해요. 아래에 달려있는 갈고리에 물건을 걸고, 당기면서 무게를 측정해요.

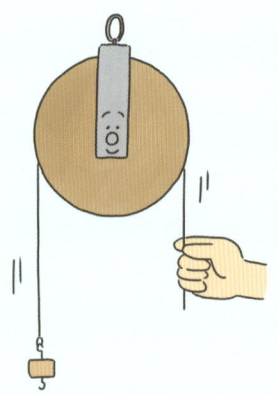

도르래 씨

빙글빙글 도는 걸 좋아해요.
윤축 씨에게 친근함을 느껴요.

중심축의 앞뒤에 원판을 연결한 기구예요. 힘의 방향의 변화에 대해서 배울 수 있어요.

진공 방울 씨

흔들거나 소리 내는 것을 좋아해요.
자신의 방울 소리를 마음에 들어 한답니다.

'공기가 없으면 소리는 전해지지 않는다'는 것을 증명하는 데 사용하는 기구예요. 진공펌프로 안에 있는 공기를 빼내면, 안에 있는 방울을 흔들어도 방울 소리가 나지 않아요.

배기종과 배기판 씨

참을성이 많은 배기종 씨와 그걸 기다려주는 배기판 씨는 환상의 짝꿍이에요.

진공펌프로 안에 있는 공기를 빼내어 진공으로 만들어 사용해요. '압력에 따라 달라지는 풍선의 크기' 실험 등 배기종을 이용해서 다양한 실험이 가능해요.

오목렌즈 씨

빛에 대하여 해박한 아저씨.
오랜 짝꿍이었던 볼록렌즈 씨와는 지금은 헤어졌어요.

중심이 얇고 바깥쪽이 두꺼운 렌즈예요. 빛의 굴절 실험에 사용해요.